Second Liure de la de-
SCRIPTION DES
Animaux, contenant le Blason des Oyseaux,

Composé par Guillaume Gueroult.

A LYON,
Par Balthazar Arnoullet.
M. D. XXXXX.

Auec Priuilege du Roy pour cinq ans.

Il est permis à Balthazar Arnoullet, maistre Imprimeur de la ville de Lyon, d'Imprimer ou faire imprimer, exposer et mettre en vête l'Histoire & description de tous les Animaux tant en Latin qu'en Frācoys, De laquelle ce present liure intitulé Second Liure de la description des Animaux, contenant le Blason des Oyseaux, composé par Guillaume Gueroult, deppend, Et ce en vertu du Priuilege obtenu du Roy nostre sire, tāt pour ladicte Histoire & description, que pour plusieurs autres liures mentionnez en icelluy, Auec inhibitions & deffences à tous autres Libraires & Imprimeurs, de n'imprimer ou faire imprimer, & exposer en vente ledit Liure cy dessus mentionné, Iusques à cinq ans prochainement venans, à compter du iour & datte de l'impression dudit Liure. Et ce sur peine d'amende arbitraire, de confiscation desdits Liures, & des dommages & interests dudit Arnoullet, Et autrement: comme plus amplemēt est cōtenu audict Priuilege, Donné à Fontainebleau le dixiesme iour de Feburier. L'an mil cinq cens quarante neuf. Par le Roy,

L'Euesque de Bayonne Maistre des Requestes ordinaire de son hostel present.

Hurault.

Et seellé de Cire iaune à simple queue.

A TRESILLVSTRE,
& vertueuse Princesse Ieanne de Nauarre, Gu. Gueroult. S.

L'Eternel createur de toutes choses formant la terre, & le contenu d'icelle, la voulut embellir d'Animaux rampants, & d'Oyseaux volants, ausquelz selon la diuersité de leur nature il fait souuent estinceller quelque rayon de sa visue splendeur, par vne bonté naturelle dont il les ha tellement pourueus: que depuis leur creation ilz ne sont apperceus auoir defailly en deuoir aucun de leur office. Et qu'ainsi soit: le Pelican gentil tesmongnera par soy mesme combien l'amour ha de pouuoir sur luy: le forçant de se priuer de vie pour la saluation de ses petits. Le fier Paon n'ha son par en parfaicte beauté. La Palumbe pour le merite de son excellence & chasteté, acquiert renom pardurable. Le Faucon est louable pour sa dexterité, L'esmerillon pour sa hardiesse, Le Coq pour l'effort & magnanimité de son cœur, & le petit Roussignol esiouyssant par l'amœnite de son chant gracieux les cœurs humains: tient reng entre les plus excellens. Ainsi (Tresillustre Princesse) chascun d'iceux selon le degré &

a 2   l'ame

la mesure de la grace qui luy a esté donnee merite louange, & plus encor: pour ne varier vn seul
brin de son naturel. Mais ce bon Dieu pour rendre encor la perfection de sa grandeur plus esmer
ueillable, crea de matiere terrestre l'Homme (cō-
me chef de toutes ses œuures) à sa forme, & semblance, l'appellant à faueur & dignité si grande;
que toutes choses animees & sans ame, feurēt sub
mises à sa puissance, & subiection, pour dominer
dessus icelles en toute preeminence. Or en la po-
sterité d'icelluy (par sa preuarication premiere)
tousiours sont demeurees quelques reliques de
sa fragilité, & rebellion: lesquelles reuerdissants
croissent en telle grādeur, que quelquefoys elles
suffoquēt la bōne semence q̃ Dieu tout bō espād
sur noz cœurs & esprits: & par ce moyen demeu
re tout le genre des hommes subiet à peché, va-
riable, & degenerant de sa premiere vertu. Parquoy pour le reuoquer à la consideration de son
deuoir, mainteffoys les animaux irraisonnables
luy sont proposez pour mirouers: affin de l'ani-
mer à faire bien, & le persuader à prendre exem
ple aux maux qui aduiennent par imprudence,
pour ne cheoir en semblables. Mais à qui fais ie
ces remonstrances? veux ie enseigner Minerue?
Minerue à bon droit vous puisse appeller (Tresil
lustre Princesse) pour le sauoir tant heureux, &
louable, qui ne vous est moins familier que la
mesme vertu qui vous rend acomplie entre tou
tes les princesses de la terre. Touteffoys combien
que

que ce lõg discours semble superflu enuers vous
dis ie, de laquelle les voyes du Seigneur sont cô-
gnues, ses sentiers ensuyuis, & ses iugemens ob-
seruez, Si est ce que i'espere que la congnoissance
du desir ou i'ay pretendu: selon vostre sagesse ac-
coustumee, ne sera prise qu'en la meilleure part.

 Pour r'entrer donc sur mes brisees, mesmemẽt
congnoissant que l'escripture saincte nous esleue souuent à la contemplation des choses ar-
dues, & celestes par l'exemple des Oyseaux: Suyuant mon desseing, i'ay pris la hardiesse de bla-
sonner & descrire en vers françoys la nature &
proprieté d'iceux, louant d'aucuns la genero-
sité, & blasmant les imperfections, & vices des
autres: pour exciter les hommes a embrasser le
bien, & abhorrer le mal. De fait ce petit blason deliberant s'en voler de mes mains, me sem-
bloit (seul) bien foible, & peu seur, pour resister
aux calumnies de plusieurs: Parquoy ie luy ay
cõseillé d'implorer l'vnique refuge de vostre heureuse protection, comme apuy conuenable. Et
combien que vostre grãdeur, & hautesse me dis-
suadassent grandement de vous en faire humble
present: (cõsideré le peu d'estime que i'ay encor)
si est ce que ceste naifue douceur, & benignité,
dont vostre perfectiõ est decoree, ha gaigné telle
part sur moy: que (à la charge d'estre noté de te-
merité) i'ay presumé le vous offrir, auec le reste
de ce qui est en ma puissance. Dõc si blasme m'en
aduient imputez le à ceste grace tant humaine,

      a ij   dont

dont vous ha douee le Seigneur tout puiſſant:
lequel meſmement ne deſdaigne les dons des humains, offerts auec humilité & ſincerité de cœur.
Receuez doncq (Tresheureuſe Princeſſe) auec
bon viſage, l'oblation treshumble de ce Blaſon,
non pour ſon merite: mais ſelon la bonté qui eſt
en vous, luy dõnant part en voſtre bonne grace.
Lors outre ce que ſes ennemys n'hauront ſur
luy pouuoir, il pourra ſouz voſtre auctorité recreer pluſieurs nobles, & vertueux eſprits: demeurant par ce moyẽ tresfortuné, & moy en perpetuelle obligation de prier l'Eternel noſtre
Dieu: vous octroyer auec l'entier contentement
de vos tresnobles deſirs, vie treslongue & heureuſe.

PSALME. CXI.

Confitebor tibi Domine in toto corde.

DE tout mon cœur au sacré Consistoire
Des hommes droits ie rendray los, & gloire
   A l'Eternel dominateur des Cieux:
Car d'iceluy les œuures sont exquises
En leur grandeur indicible: & requises
   De tous ceux la qui en sont soucieux.

A l'œuure yssu de la diuine essence
Est deu honneur, gloire, & magnificence,
   Son equité dure eternellement:
Et qui plus est ses haux faits admirables,
Dieu a fait estre a iamais memorables:
   Ce Dieu ie dis qui est doux & clement.

Il ha donné pasture à la gent saincte,
Laquelle ha eu de luy desplaire crainte:
   La sustentant par sa benignité.
Et si ha eu tousiours en souuenance,
Le testament de sa ferme alliance,
   Qui durera à perpetuité.

Le toutpuissant ha monstré par vray signe
La grand vertu de sa prouesse insigne,
   Au peuple ayant sa benediction:
En luy donnant en asseuré partage,
Des fiers payens le second heritage:
   Pour en auoir plaine fruition.

Or en effect loyauté, & droiture
Sont de ses mains l'ouurage, & la facture,
  Ses mandemens sont tous vrays, & parfaitz:
Voire, & auront, c'est bien chose asseuree,
Pour tout iamais eternelle duree:
  Car en droiture equitable ilz sont faitz.

Il ha transmis par pitié amoureuse
Redemption, & deliurance heureuse,
  Au peuple sien a seruage submis:
Auec lequel en ioye solennelle
Ha voulu faire alliance eternelle:
  Pour le tenir au reng de ses amys.

De l'Eternel la gloire est indicible,
Son nom est sainct, admirable, & terrible,
  O nom sur tous autres noms precieux.
Crainéte de Dieu c'est de vraye sagesse
Commencement: c'est l'infallible adresse,
  Qui conduit l'homme au Royaume des Cieux.

O bien heureux ceux qui font telles choses,
Et qui les hont dedans leurs cœurs encloses,
  Ceux la pour vray hont bon entendement.
Conclusion, la louange sublime
De l'Eternel, demourra en estime,
  A tous viuants perpetuellement.
    FIN.

DES OYSEAVX.

Le Phœnix.

Terroir heureux d'Arabie fœconde
Le beau Phœnix en toy prend sa naissance.
Il est vnique, & ne peut ce bas monde:
Auoir de deux entiere iouyssance.
  D'vn Aigle il ha la grandeur & puissance,
Le col luysant comme l'or: & son corps
Semble vestu de pourpre par dehors.
Six cents ans vit: Mais auant qu'il trepasse
D'encens souef mainte branche il amasse,
La dessus meurt: puys sa mouelle tendre
Sortant des os vn petit ver engendre,
Lequel poullet: & puys Phœnix deuient.
  O Eternel tu es incomparable,
De rien tu fais vne chose admirable:
Toute louange à toy seul appartient.

Le Corbeau.

Le fier Corbeau couuert de noir plumage,
Propre à parler des hommes le langage.
   Luxure hayt: & ayme chasteté.
Et si combat par fierté de courage
Asnes tardifs, & Thoreaux pleins de rage:
   Mais le Regnard est de luy supporté.
En son chant n'ha aucune amœnité,
A ses petitz vse de cruauté,
Voire & du nid durement les dechasse:
   Mais pour loyer de telle iniquité,
Des siens il est bien pirement traicté,
   Pere meschant engendre inique race.

Le Passereau.

Passereau ioly, & petit,
Vrayement il me prend appetit
De dire quelle est ta nature,
Tu es adonné à luxure
Mais ton chant plein d'amœnité:
Ha bien vn blason merité.
Car desgorgeant de ta voix nette
Mainte plaisante chansonnette
Tu peux resiouir les cœurs las.
 Pour n'entrer du pipeur es laqs
Tu bastis en toute saison
Au haut d'vn arbre ta maison,
Si bien ta nature on regarde:
 Heureux est qui est sur sa garde.

La Cigogne.

La Cigogne ha bonté tant admirable
Et de douceur est tellement ornee,
Qu'elle en reçoit louenge incomparable:
Qui ne sera par siecles terminee.
    El' ne se void qu'aux plus chaut de l'annee
Et lors à ceux dont el' ha pris son estre,
Fait sa pitié grandement apparoistre:
Les nourrissant en leur foiblesse vieillesse.
Tant les cherist que iamais ne les laisse,
Ains parmy l'air les porte doucement,
Mais ses petits nourrist plus cherement:
Leur vomissant sa viande mangee.
    Enfans ingrats contemplez ce miroir,
Amendez vous (Car pour vous dire voir)
L'ingratitude en fin sera vengee.

La Tourterelle.

La Tourterelle à luxure adonnee
Ayant troys moys au masle se vient ioindre,
Troys œufz el'pond au printemps de l'annee,
Huict ans el' vit: & n'est son age moindre.
  Fort la contente vn Esté gracieux,
Et plus encor vn chant armonieux.
Parquoy souuent le cautelleux chasseur
Pour l'attraper chante auecques douceur,
Elle qui est en ce plaisir rauie
Entre en ses laqs, prise est, & perd la vie:
Son passetemps luy cause ce malheur.
  Voluptueux prenez icy science
Et congnoissez que (par experience)
Paisir mondain n'ha pour fin que douleur.

L'espreuier.

Par la beauté que l'homme ha au visage,
L'espreuier est en Amour enflamé,
Quant à grandeur de corps & courage:
Moindre que l'Aigle il n'est point estimé.
D'ongles, de bec, il est tresbien armé,
Et si dist on qu'auec la gent de Thrace
Il s'acompagne au deduit de la chasse:
Car l'homme fait des buissons & rameaux
Acoup sortir vne trouppe d'oyseaux,
Que l'Espreuier voletant par dessus
Prend aussi tost quil les ha apperceuz,
Puys au chasseur la moytié en deliure.
Gentil oyseau grande est ta loyauté,
O cœurs humains pleins de desloyauté
Voyez cecy: vous apprendrez à viure.

Le Cigne.

De beau plumage est le Cigne vestu
Qui en blancheur blanche neige outrepasse,
Et n'est son cœur moins remply de vertu:
Que son maintien est plein de bonne grace.
Il est bening, plaisant, & gracieux,
Et toutesfois si l'Aigle furieux
Luy liure assaut: il se met en deffence
Contre l'effort de sa grand violence.
Lacs & estangs luy seruent de demeure,
Mais quand il sent (las) qu'il conuient qu'il meure
Si doucement il se prend à chanter
Qu'on iugeroit Mort luy estre aggreable:
    Doncq qui pourra c'est exemple gouster
Mort ne craindra: Car (pour le contenter)
Mort donne entree à vie pardurable.

La Coulombe.

Douce Coulombe à Venus consacree
Louange est deue à tes faitz vertueux,
Car tu conduis (Dont elle se recree)
Son chariot luysant, & precieux.
    Mais nonobstant ce qu'en toy i'ayme mieux,
C'est que tu es à ton pareil loyalle,
L'aymant d'amour syncere, & cordialle.
Car ta bonté iamais ne l'abandonne
Durant sa vie: encores qu'il s'adonne
(Contre ton vueil) à folle volupté.
    Notez icy (hommes) vn bel exemple,
Dames prenez Instruction tresample,
Au mariage est deue loyauté.

DES OYSEAVX.

Le Pelican

Le Pelican faict son nid dans la terre
Et de soymesme engendre ses petits,
Cela sachant l'oyseleur, vient grand erre
Forcer son toict pour les rendre captifs.
   Tout à lentour vn grand feu il allume,
Qui vient brusler du Pelican la plume,
Pource il demeure auecques les siens, pris,
Quand à bonté il merite le prix
Sur tous oyseaux: car soy mesme il se tue
Affin qu'aux siens la vie soit rendue:
Aymant trop mieux la sienne estre rauie.
   Humains voyci amour incomparable,
Voyez comment par amytié louable,
Pour ses amys on expose sa vie.
               b

L'Aigle

L'aigle inhumain ha par ferocité
Sur les oyseaux tiltre de royaulté,
Les yeux agus, la veue aspre & hideuse,
En luy ne gist que toute cruaulté,
C'est vn tirant plein de desloyaulté:
Qui aux dragons donne crainte paoureuse.
Iars & poullains il outrage en tous lieux,
Au lieure il est grandement odieux,
Et tant larron: que volant sur mer large
Porter ne peut de son larcin la charge,
Ains tombe en l'eau donnant fin à sa vie.
 Gens couuoiteux estudiez icy,
Voyez comment (par cest exemple cy)
L'iniquité tost ou tart est punie.

Le Paon

Le Paon est plein de fierté
Il faict ses petits de soymesme,
Et si est doué de beaulté,
Beaulté nompareille & extresme.
Sa plume faicte en forme d'yeux
Reluyt comme l'or precieux,
Et l'estend en forme de roue:
Adonc s'il entend qu'on le loue,
Vous le verrez en vn moment
Se marcher glorieusement.
Vne foys l'an perd son plumage,
Lors il se cache tout honteux:
Ainsi void on qu'aux orgueilleux
Pourcté apporte vne rage.

La Grue.

La Grue s'ayme au beau pays de Thrace
Alors que chaut & serain y est l'ær
Mais y sentant la rigueur de la glace,
Change pays: & se prend à voler.
Les grues hont ceste sagesse grande
D'eslire vn chef conducteur de leur bande,
Et quand par l'ær (lassées) se reposent
Troys sont le guet: & iamais dormir n'osent,
Ains en vn pied haut esleué sur terre
Chascune tient vne petite pierre,
Laquelle(alors quelle veut sommeiller)
Tumbe, faict bruict, & la vient reueiller.
 O preux souldarts que cecy soit noté:
Guet vigilant tient le Camp en seurté.

La Perdrix.

La Perdrix est de grand luxure pleine
Vingt & cinq ans dure l'age d'icelle,
Sentant par l'ær de son masle l'aleine,
Elle concoit c'est chose naturelle:
Les masles hont souuent entre eux querelle,
Et grands combats: Mais la femelle nette
Dans terre faict sa gente maisonnette,
La ses petits nourrit bien doucement,
Et s'elle veoid venir tout bellement
Le fin chasseur pour les rauir & prendre,
Lors elle vient droict deuant luy se rendre,
Luy faisant feste: & en ce point l'amuse.
   Tandis se met chascun perdreau en fuyte,
Et cela faict el' se sauue bien viste:
Il n'est peril qu'on n'eschappe par ruse.

b iij

Le Coquu

Du laid Coquu la nature est meschante
Aussi est il de tous oyseaux hay
Quand le Soleil entre en sa force il chante,
Et lors par luy maint oyseau est trahy.
Car pour autant qu'il est froid de naissance
Auoir ne peut de couuer la puissance:
Que faict il doncq? pour briefuement respondre,
Au nid d'autruy subtilement va pondre
Alors quil sent que l'oyseau ny est point.
 O Amoureux respondez sur ce poinct,
Sera en vous ceste chose louable
Puis qu'au Coquu elle est vituperable?

Le Roussignol

Le Roussignol des oyseaux l'oultrepasse
En son doux chant ha si tresbonne grace,
Qu'il n'est oyseau(tant bien sceust iargonner)
Qui peust son chant au sien parangonner.
Durant l'esté sa voix armonieuse
Donne aux esprits ioye solacieuse,
Et ses petits prenants accroissement,
Commencent lors à chanter doucement:
Si humblement leur musique ilz apprennent,
Et si grand peine à la retenir prennent,
Qu'il semble en eux que raison soit entee.
  Enfans petits instruction prenez,
Et humblement sciences apprenez,
Humilité est en fin exaltee.

Le Coq.

Par son clair chant le franc Coq nous anonce
Le brief retour du soleil gracieux:
Lors tous humains entendants sa semonce,
De trauailler se monstrent soucieux:
Le Coq hardy, chaut, & luxurieux
Est du Lyon grandement redoubté
Le Basilic qui l'aura escouté
Tremble de crainête au seul son de sa voix:
A dure guerre il s'esmeut quelque foys,
Du bec pointu se combat à oultrance,
Et s'il aduient que par sa grand vaillance
De l'ennemy il demeure vainqueur:
    Haulse le chef, s'enfle d'orgueil & gloire,
Monstrant par l'heur de sa belle victoire:
Qu'en petit corps est logé vn grand cœur.

La Chauue souris.

Chauue souris de nuict en l'aer volante
Ha dents agus: & mammelles aussi.
Point elle ne pond: ains ses petits enfante:
O dieu tout bon quel miracle voycy.
   Il n'est oyseau lequel puisse comme elle:
Nourrir ses fans du laict de sa mammelle,
Ses deux petits auec soy tousiours porte
Enueloppez de ceste peau tant forte
Qui luy sert d'esle: & va à lauanture
Chercher ainsi sa viande & pasture.
Son sang guerit mainte playe & blessure.
Et des serpents la mortelle morsure.
   Ainsi appert à tous humains esprits:
Qu'en petit lieu gist tresor de grand prix.

Le Heron

Le Heron triste au millieu de l'areine,
De mauuais temps donne certain presage,
Et peu apres la mer calme & seraine,
S'enfler on void par tempeste & orage.
Mais quand partant de l'argentin riuage
Vers Aquilon il prend droict sa volee:
Toute ame triste est alors consolee,
Car aussi tost l'orage se retire.
Le heron souffre vn si tresgrand martire
Alors qu'auec la femelle s'assemble,
Que de douleur sang luy sort par les yeux:
    Parquoy appert qu'aux actes vicieux
Plaisir & dueil sont quelques fois ensemble.

Le Faucon

Le beau Faucon d'Orient prend son estre
Ayant bec court, plume subtile & forte,
Pour la beaulté qu'en son corps on void estre,
Dessus le poing mainteffois on le porte.
Quand il combat contre la Grue ou l'oye,
Legier au vol, courageux à la proye,
Tousiours se monstre: & des ongles poinctus
Ses ennemys rend souuent abbatus.
Mais s'il aduient qu'il ne les puisse prendre,
Ardant courroux soubdain les vient surprendre,
Et (despité) si long temps les pourchasse,
Qu'en fin se perd: dont apres se tourmente.
  Ainsi en maints l'ire ha telle efficace,
Que de raison leur faict perdre la trace.
Souuent le fol pour ses forfaictz lamente.

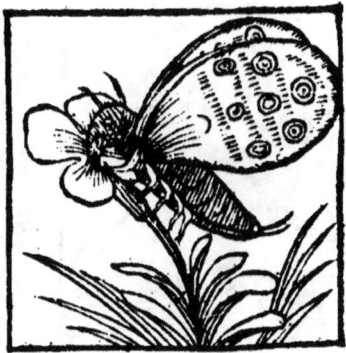

Le Papillon.

Voyant le feu de l'ardante chandelle
Le Papillon grandement s'esiouyt,
Lors il se prend à voler droict vers elle,
L'embrasse, estrainct, mais bien peu en iouyt,
Car le feu chaut qui tout ard & consume,
Brusle son corps aussi bien que sa plume.
Voila comment pour aymer folement,
Le poure oyseau meurt miserablement.

 Ainsi, Amans que visue amour enflamme
A trop aymer la beauté d'vne dame,
Dont ne pouuez auoir contentement:
En la voyant ioye vous sauourez,
Et la perdant en viuant vous mourez,
Malle est l'amour qui na fin que tourment.

L'hirunde.

Dans les maisons L'Hirunde gracieuse
Bastit son nid pour ses petits loger,
Ausquelz (ainsi comme mere songneuse)
Egalement distribue à manger
Au ieu d'amour renuersée s'assemble,
Cinq petits faict, & les nourrit ensemble,
Et par vertu de quelque herbe incongnue,
Elle peut bien à leurs yeulx donner veue,
On ne la void sinon apres l'yuer,
Et lors iuge on le printemps arriuer
Mais quand du froid sent l'incommodité,
Part & sen va, & tost nous abandonne:
   Par telz moyens en la prosperité
Maints sont amys, Mais en aduersité
Les faulx amys ne congnoissent personne.

La Palumbe

La Palumbe est de chasteté douee,
Et ferme amour gist tousiours en son cœur.
Est el'pas doncq digne d'estre louee,
Puis que iamais vice nen feust vaincqueur?
Le doux Coulomb el' surpasse en grandeur,
Voire & trente ans son age peut durer,
Or la vertu qui la vient decorer,
C'est, que depuis qu'elle est au malle ioincte:
Dautre iamais(luy viuant)ne s'accointe.
Le masle aussi luy garde loyauté,
Mais si l'vn deux commect desloyauté:
Il est soubdain occis de ses semblables.
 O Magistrats voyez ceste equité,
Et punissez par grand seuerité:
Ceux là qui sont d'adultere coulpables.

La Corneille

Quand la Corneille au sablonneux riuage
Iette clameurs & se mouille dens l'eau,
Le voyageur doit esperer orage:
Et fera bien s'il vest lors son manteau.
Quand le temps est serain, luysant, & beau,
De iargonner la Corneille faict rage,
Et grandement on prise son courage,
Car telle amour à son masle elle porte,
Qu'impossible est que iamais elle sorte
Hors des lyens de saincte chasteté:
Et si par mort son par luy est osté,
Toute sa vie el' demeure en vesuage.
  Ainsi la vefue en qui ferme amytié
Reluist, du tout & non pas à moytié:
N'appete point vn second mariage.

La Mouche ou ver luysant.

Le ver luysant de mouche ha la figure
Et à la guespe est semblable en grandeur,
Lors qu'au beau iour succede nuyt obscure
Il vole, & donne à maints passants grand heur,
Car de luy sort vne claire splendeur.
Ayant pouuoir d'esclairer à celuy
A qui la nuyt donne fascheux ennuy.
Et pource à luy on peut bien par raison
Du vertueux faire comparaison
D'autant qu'on void sa magnanimité
Quand il suruient exil, aduersité,
Perte de biens, infortunes funebres:
Car (pour vous dire en brief la verité)
La vertu luyt au millieu des tenebres.

La Cigalle.

Quand le Soleil eschauffe ces bas lieux
Durant l'Esté plaisant en sa verdure,
Lors de chanter la Cigalle prend cure:
Resiouyssant cœurs melancolieux.
Tesmoings en sont ceux qui sont soucieux
De recueillir en la seconde annee
Bonne saison de froment, & vinee.
Car sa douceur ilz sentent tellement:
Que leur labeur reçoit allegement.
Et toutesfois de ce beau chant ramage
Prendre ne veut la femelle l'vsage
Ainçois tousiours muette se maintient:
    Seruant d'exemple, & faisant apparoistre,
Q'uen tout endroit femme sage doit estre
Sobre en parler:ou taire luy conuient.

C

La Geline.

Si oncq amour à esté estimable
Louable on peut la Geline estimer,
Car aux siens est tant douce & amyable:
Qu'impossible est de pouuoir plus aymer.
Quand ses petits estants encor sans plume
Sentent le froid plus fort que de coustume,
Tous les eschauffe: assemblez dessouz soy,
Et s'elle void le Millan plein d'effroy
L'enuironner pour leur faire nuysance:
Iette hauts cris, se prepare en deffence,
Et l'oppresseur par ce moyen arreste.
Si cest oyseau deteste cruauté,
O quel mespris Medee ha merité,
Mere cruelle est pire qu'une beste

Halcyon ou Halcedo.

Ce franc oyseau Halcyon appellé
Le passereau en grandeur outrepasse,
S'on col est long, son plumage meslé
De Blanc, & bleu: couleurs de bonne grace.
 Cinq iours deuant que ses petits il face
Son nid bastit rond comme vne pelote,
Lequel sur mer tout doucement il porte,
Puis la dedans (nonobstant vents & flots)
Pond, couue, & rend: cinq petits tous esclos.
Et lors se fait sur mer impetueuse
Tranquillité seraine & gracieuse,
Dont mariniers meinent ioye incroyable:
Rememorants la sagesse profonde,
Du Createur de la machine ronde:
Car Dieu se monstre en ses faits admirable.
       c ij

LE BLASON

La Caille.

Sur le printemps que Flora la deesse,
Orne les champs de diuers parement,
La Caille prend deuers nous son adresse:
Quand Aquilon souffle violemment,
    Insatiable est sa luxure ardante,
Qui à ses iours donne fin euidente.
Comment cela? le subtil oyseleur,
Saichant le temps qu'elle est en sa chaleur
Prés de ses laqs presente vn beau miroir,
Dedans lequel el' vient apperceuoir
Vne autre Caille: & lors d'amour esprise,
Se iette aux retz: & demeure surprise.
    Ainsy de maints (par fol gouuernement)
Luxure met cœurs & corps en tourment.

Le Millan.

Millan peruers adonné à rapine,
Qui te pourra suffisamment blasmer?
Las, ta griphe est plus poignante qu'espine:
Dont viens la chair des poucins entamer.
  Aux plus petits tu te monstres amer,
Tu est infame, & si n'as le corps beau,
Au fier combat prouoques le corbeau,
Et quand tu has sus autre oyseau puissance
Lors de sa chair tu remplis bien ta pance:
Mais en mespris has chair de beste morte.
  O bons esprits voyez. En telle sorte
Vne putain son seigneur habandonne:
Car el' le sert tandis que largent dure,
Enpoureté el' n'en h'a soing ne cure:
On perd putain quand plus on ne luy donne.

Le Merle.

Le Merle noir deux foys l'an peut couuer,
Ses petits fait en trop grand diligence,
Car les premiers esclos durant l'yuer
Meurent: sentans du froid la violence.
    Il change voix, plumage, contenance,
Alors qu'il sent que l'yuer bruineux:
Vient succeder à l'Esté gracieux.
Telle amytié tousiours les Merles hont
A tous oyseaux qui de leur genre sont,
Qu'ils n'ont pouuoir de prendre esiouyssance:
Fors quand l'vn sent de l'autre la presence.
    O plaisir grand d'amytié naturelle,
Par moyen tel auec les vertueux
S'assemblent: ceux lesquelz sont curieux,
D'auoir vertu en ses faitz immortelle.

Le Chathuant.

Le Chathuant laid & hideux
Vole durant nuyt sombre & coye,
Et lors(comme il est rapineux)
Cherche sa viande & sa proye.
 Par son chant(le pire qu'on oye)
A soy maints oyseaux il attire:
Pour leur liurer mort, ou martire.
Il ha auecques la corneille
Vne inimytié nompareille,
Car de nuyt dans le nid d'icelle
Il deuore ses œufz: mais elle
Vient de iour au nid de ce traistre,
Et pour autant qu'il n'y void rien
De ses œufz se repaist tresbien:
Malfait retourne sur son maistre.

Le Vaultour.

Les yeux agus, la veue furieuse
Ha le Vaultour, & ses petits cherit.
Chair de corps morts il trouue sauoureuse,
Et bien souuent d'icelle se nourrit.
 Son nid bastit au dessus d'vne roche,
Duquel iamais homme viuant n'approche,
Là deux petits il faict le plus souuent:
Et si conçoit par la force du vent.
Voire & aux siens porte amour si extreme,
Quand ilz ont faim qu'il se naure soymesme,
Et de son sang les nourrist doucement.
 O douce amour, heureuse & estimee,
Aux cœurs humains digne d'estre imprimee,
Qui te pourra louer suffisamment?

DES OYSEAVX.

L'oyſon.

L'oyſon eſt fort chaut de nature
Et pource il ayme bien nager,
Des choſes chaudes il na cure:
Congnoiſſant qu'il y ha danger.
    Choſes humides veut manger
Douce eſt ſon inclination,
Amyable l'affection
Dequoy ſon blanc, & beau plumage:
Porte ſuffiſant teſmoignage.
Grandement il ayme & cherit,
Le bon ſeigneur qui le nourrit,
Comme fait maint Autheur paroiſtre:
    Pource il faut doncq qu'en luy ſe mirent,
Seruiteurs qui ſeruir deſirent:
Le ſerf doit reuerer ſon maiſtre.

Le Coq d'Inde.

Le pays d'Inde en tous biens florissant,
Produit tousiours mainte chose admirable,
Le Coq tant beau en son terroir naissant,
En grandeur est au fier Paon semblable.
 La creste qui son cler chief enuironne
Proprement semble vne riche couronne,
De belles fleurs auec grace tissue:
Grand beauté est en sa queüe apperceüe,
Qui de couleur d'esmeraude est ornee,
Et ne peut estre en son rond contournee,
Car plume il ha large, pesante & forte.
 Voila comment les regions: Nature
Sait bien parer de diuerse ornature,
Pour se monstrer diuine en toute sorte.

L'austruche.

L'austruche prend en Affrique naissance,
Representant la forme du Chameau,
De poil subtil sa plume ha la semblance:
Et en grandeur passe tout autre oyseau.

Elle ha col long, chief pelé, sourcil beau,
Les piedz fourchus, l'estomach chaut: de sorte
Que pierre dure à digerer trop forte
Ne treuue point, & d'autant que par l'ær
Iamais ne peut (tant pesante est) voler,
Lors quel' se void du chasseur poursuyuie
Marche grand pas, fuyt pour sauuer sa vie,
Et de ses piedz mainte pierre luy lance:

Ainsi le vol lequel luy est osté
Recompense est d'vn autre costé:
Tous les defauts nature recompense.

La Pie.

Or vien en ieu Pie subtile & gente
Il te conuient donner quelque blason,
Au haut d'vn arbre en la saison vrgente
De laine & poil tu baslis ta maison.
    La neuf petits ru fais (gentile Pie)
Et si tu sens que l'oyseleur t'espie:
En autre lieu transportes ton manoir.
Pour fermeté portes plumage noir,
Ta douce langue, & non langue, mais perle
Naifuement nostre langage parle,
Et quand ne peux quelque mot bien comprendre:
Si marrye es que Mort te vient surprendre.
    Estudiant voy ceste experience:
Plus que soymesme on doit priser science.

Le Perroquet.

Sus Perroquet mignon & gracieux
Sortez aux champs: Madame vous demande,
Vous estes verd, vous deleclez ses yeux,
Bon bec auez: & la langue friande.
 Venez mignon, Madame le commande,
Vous estes beau, tousiours vostre verd dure,
Bleu, Iaune, & rouge, ornent vostre verdure:
Mais au bec gist la puissance qu'auez,
Langage humain bien imiter sauez,
Et toutesfoys, pour vous y conformer
Las, on vous vient dens la cage enfermer:
Vous differez des hommes par ce point.
 Car on les met le plus souuent en cage,
Non pour aprendre à former leur langage:
Ains à se taire, & à ne parler point.

La Chuquette.

Au Gay subtil la Chuquette ressemble
Autant de corps que de fait: Car elle emble
Ainsi que luy, bagues, or, & argent.
 De le cacher elle trouue l'art gent,
Son pareil ayme, & sauez vous comment:
Si fort, qu'en fin elle meurt en tourment.
Car l'oyseleur au lieu de son repaire
Met vn vaisseau plein d'vne huyle bien claire.
Aupres duquel pour se mirer s'auance,
En se mirant estime sa semblance
Estre vng chucas: Et lors, d'amour rauie,
Dedans se iette, & perd ainsi la vie.
 Doncq amoureux que chascun se retire,
La fin d'amour donne mort ou martire.

Merops.

L'oyseau gentil que Merops on appelle
Porte sur soy vn plumage azuré,
Qui comme l'or splendissant estincelle:
Par les couleurs dont il est decoré.
    Son uol souuent est de l'homme admiré,
Car quand il veut voler contre les cieux
Droit vers sa queüe il contourne ses yeux.
Ce qui souuent est trouué fort estrange:
Sa grand bonté est digne de louange,
D'autant qu'il ha des sa naissance soing
De secourir pere & mere au besoing,
Recongnoissant l'amour qui leur est deu.
    O si plusieurs prenoient solicitude,
D'estre en ce point exempts d'ingratitude:
Plaisir seroit à la grace rendu.

LE BLASON

Le Gay.

Dedans le boys espais & vmbrageux,
Et pres du bord de mer large & profonde,
Leurs petits sont les Gays tant outrageux:
Ausquelz fallace & maint larcin abonde.
    Si dauanture on les void tard partir
Du pasturage: ilz veulent aduertir,
Que l'yuer triste ameine la froidure:
Pour despouiller les champs de leur verdure.
Entre eux ilz hont amytié si extresme,
Que l'vn l'autre ayme ainsy comme soymesme.
    O quel poison nous peut enuenimer,
Que ne pouuons nos semblables aymer,
Faudra il doncq que cest oyseau louable
Enseigne l'homme à aymer son semblable?

DES OYSEAVX. 41

La Cane.

Dessus le bord du lac plaisant & beau
La Cane fait ses Canarts par coustume,
Qui tout soudain (esclos) sautent dans l'eau:
Car la nature ainsi les acoustume.
   De c'est oyseau la nature est benigne,
Ses œufz souuent vient couuer la Geline,
Mais eux (esclos) ayants la congnoissance
Que du sien corps ilz n'hont point pris naissance,
Incontinent qu'ilz cheminent sur terre:
Dans la claire eau se vont ruer grand erre.
   Par ce moyen void on: que la nature
Passe en vertu estat & nourriture.

d

La Huppe.

Lors que l'yuer ennemy de chaleur
Fait de son froid sentir la violence,
La Huppe change & figure, & couleur:
Vne creste ha belle par excellence.
    Douce est sa voix, & son chant delectable,
Et dans le creux d'vng lieu inhabitable
Tousiours el' vient son toict edifier,
Iamais ne veut en l'homme se fier,
Bien congnoissant qu'il machine contre elle
En tous endroits quelque fraude, ou cautelle,
Pour l'attrapper par sa subtile ruse:
    Par tel moyen l'homme discret, & sage,
Doit dechasser (pour euiter dommage)
L'homme peruers: qui de trahison vse.

Le Plongeon.

Quand le printemps d'un beau verd gay paré
Chasse l'yuer fascheux & Rheumatique,
Troys petits faict le Plongeon aquatique:
Selon le cours qui luy est preparé.
 Pour seureté il se tient emparé
D'un toict basty sur le sommet d'un arbre,
Par ce moyen est de luy euitee:
La peur rendant plusieurs froids comme marbre.
Et (si bien est ceste chose notee)
En le voyant ses plumes agencer
De son bec long: on pourra bien penser
Que le fort vent veut exciter orage.
 Le Toutpuissant en ce point veut pouruoir
A nos dangiers: nous les faisant preuoir,
Par ceux qui n'hont de raison, nul vsage.

Le Gerfaulx.

Beauté au corps hardiesse en courage,
Ce sont deux dons louables grandement.
Le fier Gerfaulx ha bien cest auantage:
Que de ces deux il reçoit ornement.
    L'aigle Royal il combat viuement,
Et maintefoys le surmonte: & l'opresse.
O l'honneur deu à sa grande prouesse,
Si seulement il cherchoit ses semblables:
Mais les petits (helas) trop miserables
Le plus souuent de luy sont enuahys,
Tuez meurtris en tous lieux & pays:
Quand du combat la plus grand force est sienne.
    Helas tousiours ceste playe ancienne
De plus en plus acquiert accoustumance :
C'est qu'aux petits les plus gros font nuysance.

L'esmerillon.

Cœur gay, corps beau, courage auantureux,
A mon aduis ce sont troys belles choses,
L'esmerillon en tout heur plantureux
En soy les tient heureusement encloses.
    Car il est beau, beau par extremité,
Son cœur gentil est plain de gayeté,
Mais (pour parler au vray) tout cela, qu'est ce
Au seul esgard de sa grand hardiesse?
Rien pour tout seur. Car sa proye il pourchasse
Si vifuement que iamais ne se lasse,
Et la poursuyt iusques dedans la flame:
Qui en la fin & l'vn & l'autre enflame.
    Voila comment, chose trop poursuyuie.
Souuent rauist au poursuyuant la vie.

d iij

La Sauterelle.

Or sus Sauterelle iolye,
Verdoyante, douce, & polye,
Puis que si bien sauter sauez:
Ores ce blason receuez.
Bouche petite, & assez belle,
Qui deux blanches dants, dans soy cele,
Et cinq piedz de chascun costé:
Par nature auez conquesté.
Troys moys vous portez vos œufz beaux,
Qui croissent comme vermisseaux,
Et prennent au printemps naissance:
Dont vous receuez grand souffrance.
Car deslors que les auez faits
Maints vermisseaux ords et infaits
S'engendrent en vous tellement:
Qu'ilz vous font mourir en tourment.

Le Putoys.

Voulant nature en sa sublimité
Former vn corps plein de deformité,
Qui en laideur heust sur tous preference:
Fit le Putoys laid par extremité,
Ayant vn cœur plein de meschanceté:
Qui sans cesser à greuer autruy pense.
   Cela sachant le chasseur cautelleux
Pour attraper en ses laqs perilleux
Oyseaux qui hont voix & nature franche:
Met ce Putoys au dessus d'une branche,
Autour duquel d'vn fol desir espris,
S'assemblent tous: & demeurent surpris.
   Voila comment la personne est honnye,
Pour suyure trop meschante compagnie,
Qui par forfaits ressortissants en elle:
La meine en fin et ruyne eternelle.

La Guespe.

Du Cheual mort infect par pourriture
La Guespe prend durant l'Esté son estre,
Qui à l'Abeille est semblable en figure:
Mais à voler plus legiere & adextre.
    Ell' tient cela de la nature bonne:
Qu'au fort cheual dame Nature donne.
Les Guespes hont entre elles vn seigneur
Auquel toutes rendent vn grand honneur,
Et leur seigneur par nature clement,
Les traicte aussi fort gracieusement:
Car de greuer n'ha pouuoir ny vouloir.
    Doncq est il cœur qui ne se deust douloir
Quand les subietz d'vne belle prouince,
Son oppressez ou meurtris par leur prince?
Qui plustost doit conquerir (par adresse)
Cœurs par douceur: que les Corps par rudesse.

La Mousche à miel.

En la Saison que le filz de Latone
Fait sa chaleur sentir plus griefuement,
La Mousche à miel tant bruyante, & felonne,
Naist d'vn veau mort puant horriblement.
　　Et toutesfoys elle, souefuement
Se paist de fleurs d'odeur delicieuse,
A trauailler se monstre soucieuse,
Rendant honneur, & prompte obeissance:
A cil qui ha dessus elle puissance.
A vostre aduis, est ce pas coniecture
D'vne syncere & loyalle nature?
Aussi cela qui d'icelle prend estre
Passe en douceur toute chose terrestre.
Mais au larron qui luy pourchasse iniure:
Ell' fait sentir l'effort de sa pointure.
　　Pour nous monstrer qu'on ne doit en nul age:
A son prochain faire iniure ou dommage.
　　　　　　　　d v

La Mousche.

Et puis ma iolyette mousche
Est il pas temps qu'on s'escarmouche,
A vous donner quelque blason?
A mon aduis c'est bien raison,
Car alors que vers nous venez:
Tousiours l'Esté chaut amenez.
En ce temps iolye vous estes,
Et grand bruit en volant vous faictes,
Lequel maintesoys fasche: & nuyt
Au plaisant repos de la nuyt.
Mais si tost que l'Esté decline,
Vostre nature aussi define,
Dont prenons seure congnoissance,
Que toute humaine, & basse essence,
Qui de terre aura pris facture:
Retournera en pourriture.

Caprimulgus

Dame Nature en la diuersité
Dont el' voulut decorer ce bas monde,
Feist vn oyseau despourueu de beauté:
Traistre, meschant, vilain, fier & Immunde.
    Caprimulgus est des Latins nommé:
Pour les forfaitz dont il est renommé.
    En beau plain iour point ne iouyt de veüe,
Durant la nuyt il l'ha claire, & ague,
Pource suyuant son inclination,
Lors s'en va droit dans l'habitation,
Ou le bergier ses cheuretes retire:
Desquelles tant le laict il succe, & tire
Qu'elles en fin de douleur oppressees:
Perdent & lait, & mammelles succces.
    Doncq il appert que personne mal nee,
Est sans cesser à malfaire adonnee.

Le Piuert.

Le gay Piuert degoise son ramage
Alors qu'il sent arriuer le printemps,
Dont maints passants lassez de long voyage
Sont recreez: & leurs esprits contens.
  Bec long, crochu, & fort pointu il ha.
Et sauez vous à quoy luy sert cela,
D'iceluy, caue auecques peine grosse
Dedans vn chesne vne assez large fosse,
Ou ses petits il loge gentement:
Et si quelcun (luy absent) finement
La vient boucher d'vne pesante pierre:
En loing pays certaine herbe va querre,
Qui par vertu d'amirable nature:
Brise l'effort de ceste pierre dure.
  Si l'Eternel des oyseaux prend le soing,
Qu'el sera il enuers nous au besoing?

L'onocrotal.

Le plasmateur de toute creature
Esmerueillable en sa perfection,
Donne à chascun corpulence & stature:
Selon quil void son inclination.
 L'onocrotal sert d'approbation.
Car pour autant qu'il est abominable,
Larron parfait, gourmand insatiable,
Il l'ha voulu de deux ventres pourueoir:
L'vn gist au col, (chose admirable à voir)
Mais l'autre est faict en la semblance & sorte:
Que tout oyseau communement le porte.
 Soleil luysant dont Cieux sont decorez
Esleue vn peu tes beaux rayons dorez
Sur les humains: pour leur faire congnoistre,
Le mal qui peut de gourmandise naistre.

Ibis.

Ibis oyseau de vertu ennobly,
N'ha merité d'estre mis en oubly,
Pour le haut reng que tient son excellence:
En Egypte est tousiours sa demeurance,
Ou maintefoys de luy sont enuahys:
Oyseaux vilains infectans son pays.

    Mais s'il aduient que par force dompté
Hors son terroir soyt en fin transporté,
Pour bien venger sa franchise rauie.
Au rauisseur sacrifie sa vie:
Executant de son tort la vengeance.

    Quoy n'est ce pas d'vn cœur plain de vaillance
Acte bien grand? Hommes effeminez
Instruction sur ce miroir prenez,
Et congnoissez que de tout personnage:
Le corps est vil, ou deffaut le courage.

Le Faisan.

Du beau Faisan la nature est louable,
Et si n'est point à luxure adonné:
De la beauté qui se rend admirable,
Le sien plumage excellent est orné.
    Mais si l'oyseau par la queüe on estime:
Cestuy cy doit auoir los & estime.
Que diray plus? en l'heureuse saison
Du gay printemps il bastit sa maison,
Pour habiter auecques sa femelle:
Du Coq il tient sa corpulence belle,
De la Perdrix sa nature gentille,
A maint chasseur iouant ruse subtile:
Pour eschapper de ses laqs perilleux.
    Las, tout ainsi pour se garder d'vn traistre,
Pour se sauuer d'vn langard dangereux:
Fin contre fin maintenant il faut estre.

Le Lanier.

Dedans les boys vmbragez d'arbres verds
Naist le Lanier caut & fallacieux,
En la saison du printemps gracieux:
Qui rend les champs d'herbe verte couuerts.
   En le voyant il cause grand merueille
Pour son plumage excellent en beauté,
Mais pour son vol & grand dexterité:
De tous reçoit louange nompareille.
   En bataillant ha contenance fiere,
Et peut chasser sur terre, & sur Riuiere,
Perdrix, faisans, & Canes aquatiques:
   Pour les auoir mainte ruse il leur dresse,
Helas, ainsy l'homme puissant oppresse
Les plus petits: par ses faulces pratiques.

Le Sacre.

En corps muny de beauté naturelle
Vn cœur hardy est fort plaisant à voir,
Cela pour vray on peut apperceuoir
Au Sacre: ayant ceste vertu tant belle.
   Vers l'Orizon d'Orient il se trouue,
De sa naissance est le lieu ignoré,
De gris plumage heureusement paré:
Contre les forts sa prouesse il esprouue.
Butors, faisans, par forest, & taillys,
Si visuement de luy sont assaillis,
   Que leur fierté en souffre mort amere:
Mais aux petits il est benin, & doux,
Ainsi chascun doit estre en son courroux
   Aux humbles doux: aux orgueilleux seuere.

c

LE BLASON

Otis.

Tous Animaux par boys fueillus errants,
Et aux rochiers demourance querants,
   Sont fort hays d'Otis oyseau sauuage:
Mais le cheual courageux, & hardy,
Qui au besoing n'est point acouardy,
   Seul d'estre aymé acquiert c'est auantage.
En le voyant par les plaines troter
Par amour grande il se vient à ietter
Droit dessus luy: il l'estraint, il l'embrasse,
Et peu s'en faut que d'ayse ne trespasse
Pour le plaisir receu de sa presence:
   Et vous amants en sauriez vous que dire?
Congnoissez doncq que l'amour sans martire
Passe la vostre en degré d'excellence.

La Geline d'Affrique.

Vers le pays d'Affrique Orientale
Naist vne hideuse, & sauuage Geline,
En sa grandeur au beau Coq d'Inde egale:
Ayant cœur fier, & nature maline.

  Col court, & gros, elle ha de sa nature,
Le bec crochu, & petite est sa teste:
Dessus laquelle (ainsi qu'on la figure)
Porte vne ronde, & merueilleuse creste.

  Or ce qui plus la rend vituperable,
C'est, que si tost qu'aux beaux champs verdelets
Fait ses petits elle ha: La miserable
Part, & s'en va les laissant tous seulets.

  Pleust or à Dieu, qu'en l'homme vicieux
Ce grand peché (pour le moins) ne fust point.
Car rien en luy n'est plus pernicieux:
Fors quand des siens l'amytié ne le poingd.

                        e ij

Tragopa.

O Combien grand en ses merueilleux faits
Est ton pouuoir: O deité immense.
Astres & Cieux anoncent ta clemence,
Tous animaux en sont tesmoings parfaits.
 Ta grand puissance est par tout estendue,
Formant oyseaux d'vne figure estrange,
Pour seruir l'homme: O la grande louange
Que rendre il doit à ta sagesse ardue.
 Tu has formé c'est oyseau tant puissant
Que Tragopa maint autheur grec appelle,
Lequel aussi en sa grandeur excelle:
L'aigle royal en Orient naissant,
 Et sa teste est de deux Cornes armee,
Portant couleur d'vn vieux fer enrouillé:
Ainsi tu rends tout homme esmerueillé,
De ta puissance, & sagesse estimee.

TABLE
du Blason des oyseaux.

Aigle	Page 10	Gay	40
Austruche	35	Gerfaulx	44
Cigne	3	Guespe	48
Cigongne	4	Geline d'Affrique	59
Corbeau	6	Heron	18
Coulombe	8	Hirunde	21
Coquu	14	Halcyon ou alcedo	27
Coq	16	Huppe	42
Chauue souris	17	Ibis	54
Corneille	23	Lanier	56
Cigalle	25	Mousche ou ver luy-	
Caille	28	sant	24
Cane	41	Milan	29
Chathuant	31	Merops	39
Chuquette	38	Merle	30
Coq d'Inde	34	Mousche à miel	49
Caprimulgus	51	Mousche	50
Espreuier	2	Oyson	33
Esmerillon	45	Onocrotal	53
Faucon	19	Otis	58
Faisan	55	Phenix	1
Grue	12	Passereau	7
Geline	26	Paon	11

e iij

Pelican	9	Piuert	52
Perdrix	13	Rousignol	15
Papillon	20	Sauterelle	46
Palumbe	22	Sacre	57
Pie	36	Tourterelle	5
Perroquet	37	Tragopa	60
Plongeon	43	Vaultour	32
Putoys	47		

FIN.